Más que tus montañas

Lo que dicen los lectores ...

A través de su propia lucha con una enfermedad crónica, la autora Whitney ha creado un mensaje motivacional inspirado en las enseñanzas de Dios para niños que enfrentan retos similares en su salud: Dios te ama y no te ha abandonado. Eres mucho más importante para Dios que tu enfermedad. Las imágenes vibrantes e imaginativas de Courtney Smith traen a la vida las palabras de Whitney. ¿Qué niño no quiere sentirse como un superhéroe o un pirata a capa y espada en los días más adversos de su enfermedad? Si bien este libro ha sido escrito para niños, padres y proveedores de salud encontrarán inspiración en las palabras de Whitney. A menudo los jóvenes escuchan decir a los adultos que ellos, los jóvenes, son más que la situación en la que se encuentran. Este libro servirá para para transmitir este mensaje a los niños de una manera que puedan entenderlo.

-Dr. Randal Olshefski, jefe de sección del departamento de Hematología y Oncología en el Nationwide Children's Hospital. El doctor Olshefski ha sido el especialista de la autora durante veintidós años.

Más que tus montañas

Whitney Lane Ward

illustrado por Courtney Smith

traducido por Christian Belman

ELK LAKE PUBLISHING INC

PUBLISHING THE POSITIVE
Plymouth, Massachusetts

Diseño de cubierta e interiores por Courtney Smith y Derinda Babcock.
Editores: Derinda Babcock, Deb Haggerty
Autora representada por: Cyle Young Literary Elite
Traducido por Christian Belman

PUBLICADO POR: Elk Lake Publishing, Inc., 35 dogwood Drive, Plymouth, MA 02360, 2022

Datos de catálogo de la biblioteca
Nombres: Ward, Whitney Lane (Whitney Lane Ward)
Más que tus montañas / Whitney Lane Ward
36 p. 21.6 cm × 21.6 cm (8.5 in × 8.5 in.)
ISBN-13: 978-1-64949-496-2 (paperback) | 978-1-64949-497-9 (trade hardcover)
978-1-64949-498-6 (trade paperback) | 978-1-64949-499-3 (e-book)
Palabras Clave: Enfermedad crónica; enfermedad de los niños; valores de los niños; emociones y sentimientos; hospitales, médicos, enfermeras; superando desafíos; cáncer en niños
Library of Congress Control Number: 2022931317 Nonfiction

Dedicatoria de la autora

A todos los niños que son pacientes en el Nationwide
Children's hospital, y a todos los niños del mundo que
luchan valientemente contra su enfermedad, los veo.
Son vencedores y ¡MUCHO MÁS!

Dedicatoria de la ilustradora

Para Titus, el dragón más fiero que conozco.

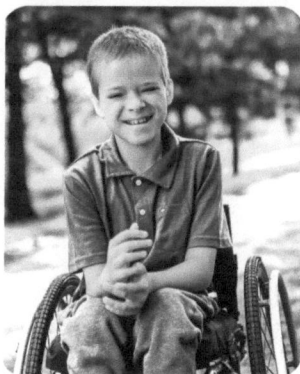

¿Sabías que a Dios le importas
MÁS que tu enfermedad?

1

Eres MÁS que la sala de espera,
fría y de madera.

2

Eres MÁS que tu
cabeza sin pelo
como la de tu abuelo.

Eres MÁS que un escáner
O una resonancia.

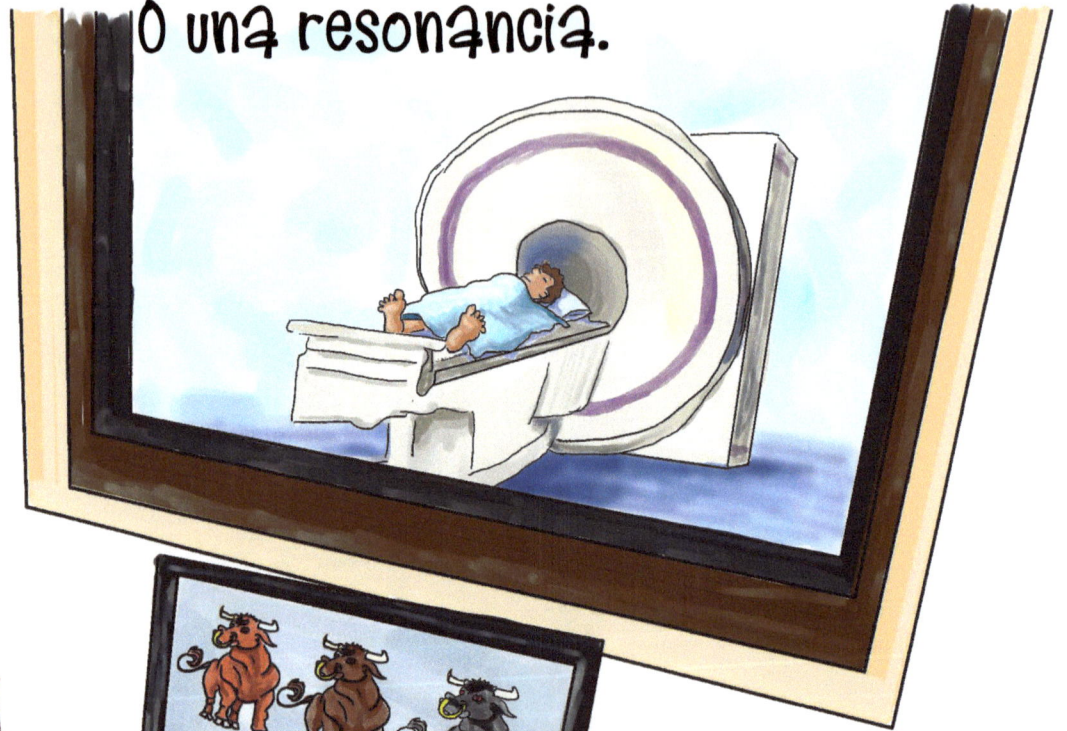

4

Eres MÁS que una inyección
o cualquier substancia.

Eres MÁS que esas horas en el hospital, largas y terribles.

Eres MÁS que los inciertos días imprevisibles.

Eres MÁS que los niños
que te dicen cosas malas.

Eres MÁS que tus
montañas,
porque Dios te dio alas.

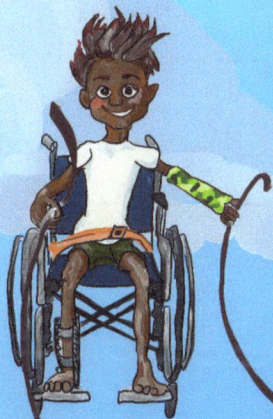

Eres MÁS que la gente
que dice "no puedes"
Eres más que tu enfermedad
¡no te dejes!

Eres MÁS que cada moretón
y cicatriz embarazosa
Eres más que eso,
una estrella luminosa.

Tu enfermedad no es
divertida
pero esta montaña tu PUEDES
escalar.

Te contaron esta historia ahora debes actuar.

No te desanimes.
grita,

¡NO TEMERÉ!

comparte tu mensaje

¡Yo te escucharé!

Tu enfermedad no te derrotó.
Solo te hizo fuerte
Dios te creó y dijo
"¡eres MÁS que suficiente!"

18

Reconfortantes versos de la biblia

No temas, porque yo estoy contigo; no desmayes, porque yo soy tu Dios que te esfuerzo; siempre te ayudaré, siempre te sustentaré con la diestra de mi justicia. Isaías 41:10

Pero los que esperan a Jehová tendrán nuevas fuerzas; levantarán alas como las águilas; correrán, y no se cansarán; caminarán, y no se fatigarán. Isaías 40:31

Fíate de Jehová de todo tu corazón, y no te apoyes en tu propia prudencia. Reconócelo en todos tus caminos, y él enderezará tus veredas. Proverbios 3:5-6

Nota de la autora

Teoría de las cucharas: este concepto fue creado por Christine Miserandino. Es una metáfora para visualizar cuánta energía física y mental tiene una persona con una enfermedad crónica para todo el día. Una persona enferma puede pensar "Muy bien, ¿cuántas cucharas tengo hoy?" Nos referimos a nosotros mismos como cucharones.

Cebras: En la escuela de medicina se les enseña a los estudiantes que cuando escuchen el ruido de cascos piensen en caballos, no en cebras. Esto significa que el diagnóstico más simple es usualmente el correcto. Pero los estudiantes que pasan años sin ser diagnosticados, o que aún no son diagnosticados o que, como yo, viven con una enfermedad tan rara que no muchas personas en el mundo la padecen, somos llamados cebras porque nuestro diagnóstico no es obvio.

Campanas: En las unidades de hematología pediátrica hay una campana. Incluso si no eres un paciente con cáncer, sabes para qué sirve la campana. La quimioterapia es un proceso difícil, doloroso y traumático. Los doctores y las enfermeras quieren que sus pacientes con cáncer tengan algo a lo que aspirar una vez que terminen con la quimioterapia, que festejen por lo duro que han luchado. Así que, en el último día de quimioterapia de un paciente, una vez acabados, la familia del niño, los doctores y las enfermeras se reúnen alrededor del niño y celebran y festejan mientras el niño suena la campana con todas sus fuerzas. La emoción, fuerza, perseverancia y determinación en las caras de esos niños es en verdad una vista cándida e inspiradora.

Perros de apoyo emocional: Muchos hospitales pediátricos tienen perros de apoyo emocional, típicamente Golden retrievers, para niños que han estado en el hospital por un largo período de tiempo o que están a punto de tener un procedimiento médico que los asusta. Interactuar con un gentil y adorable perro puede calmar el miedo y la ansiedad del niño, desviando su atención de la montaña que está enfrentando.

Brazaletes de hospital para animales de peluche: Cuando era una niña, pasé por muchas cirugías. El proceso era siempre un poco escalofriante sobre todo cuando me separaban de mis padres para llevarme al quirófano. El hospital pediátrico donde tenía mis cirugías tenía una maravillosa tradición de poner brazaletes a los animales de peluche de los niños. *El Rey León* era mi película favorita cuando era niña. Tenía un Simba de peluche que siempre iba a las cirugías conmigo. Con mi Simba junto a mí, me sentía menos sola

Preguntas para conversar

1) Dios te hizo especial y único. ¿De qué manera eres MÁS que tu enfermedad?

2) ¿Te recordaron los rinocerontes y las cebras alguna larga estadía o inyección dolorosa? Comparte lo que sentiste mientras leías.

3) Las frías salas de espera y las resonancias magnéticas no son divertidas, pero la medicina y cuidados de tus doctores y enfermeras, que te aman y te ayudan a escalar tus montañas, son lo que importa. Menciona un doctor o enfermera que tengas, y cómo tu medicina te ayuda a hacer cosas divertidas, como ir al zoológico y ver los animales geniales que hay en este libro.

4) Si te dan miedo las inyecciones, quedarte en el hospital mucho tiempo, o que los niños te digan cosas malas, está bien, pero nunca dejes que el miedo te impida escalar tus montañas. Menciona tres cosas que puedes hacer para ser MÁS grande que tu miedo.

5) ¿De qué manera tu enfermedad te ha hecho sentir que no eres suficiente? ¿Cómo puedes mostrarle al mundo que eres una brillante estrella fugaz?

26

Acerca de la Autora

En el 2013, WHITNEY fue diagnosticada con una rara mutación genética. De hecho, fue tan rara que WHITNEY fue la primera persona en ser diagnosticada con esa enfermedad, y la mutación fue tan horrible que es todo un milagro que haya sobrevivido en el vientre de su madre. Tras años de estudio de esta nueva enfermedad, a Whitney la invitaron a que diera un nombre al nuevo fenómeno. Ella decidió llamarlo síndrome de MAGIS. MAGIS es la palabra en latín para "MÁS". Whitney esperaba que el significado les diera a los futuros pacientes diagnosticados con síndrome de MAGIS la certeza de que son MÁS que su enfermedad. Whitney espera que, a través de su historia, personas de todas las edades sepan que a pesar de las montañas que enfrentan son, en efecto, ¡Mucho MÁS que su enfermedad!

Acerca de la ilustradora

COURTNEY SMITH creció en el suroeste de Colorado y fue a la Universidad de Regis donde conoció y se casó con un apuesto ingeniero de cohetes espaciales. Juntos, han tenido cinco niños y viven en Franktown, Colorado.

Courtney cría Grandes Pirineos, enseña RCP, hace viajes internacionales con los aspirantes a luchadores olímpicos de Los Estados Unidos de América como entrenadora olímpica, y alienta a sus hijos. En su tiempo libre, le encanta dibujar y hacer bosquejos, creando imágenes para mejorar aun más las grandes historias.

www.ingramcontent.com/pod-product-compliance
Lightning Source LLC
Chambersburg PA
CBHW040749100426
42735CB00034B/117